AF327879

ESQUISSE

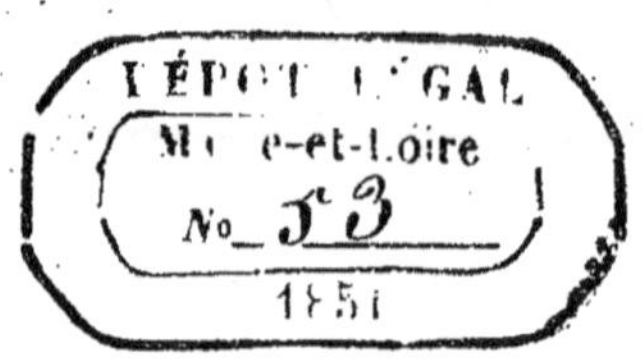

D'UNE SITUATION

qui doit gagner

À ÊTRE DÉFINIE

ANGERS

IMPRIMERIE DE COSNIER ET LACHÈSE

1851

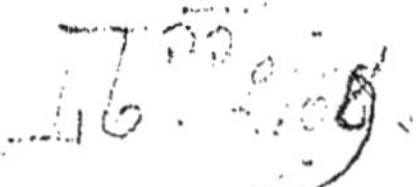

ESQUISSE D'UNE SITUATION

QUI DOIT GAGNER

À ÊTRE DÉFINIE.

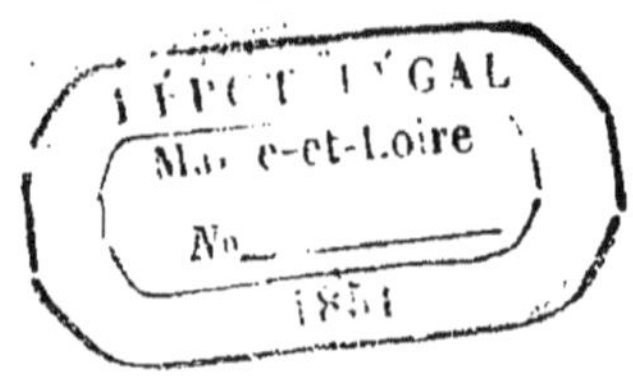

Il y a dans ce moment et sous nos yeux, un malade tout à-fait digne des sympathies et des vœux dont il est l'objet. Sa mort laisserait, dans la société européenne, un vide qui ne pourrait être rempli. Ce serait pour les lettres, les sciences, les arts, une perte à jamais irréparable.

Cependant les Erasistrates de notre temps augurent très-mal de son état, et ne semblent faire autour de son lit, qu'une médecine expectante.

Ce malade, est-il besoin de le dire? c'est notre belle, notre chère, notre illustre France.

1851

Nous croyons, nous, quoique nous n'ayons à proposer que des remèdes de bonnes femmes, nous croyons qu'elle vivra, telle, au moins, que les révolutions qui l'ont bouleversée en tant de sens depuis soixante ans, l'ont encore laissée ; honorée de l'estime et du respect des nations.

On sait qu'il y a pour elle dans l'état actuel des choses deux sortes de dangers qui effraient ses plus courageux amis. D'une part, l'irruption de doctrines sauvages, renouvelée des temps des Munzer et des Nicolas Stork : de l'autre, la disparité des vues et des sentiments sur l'étendue du pouvoir central et le choix ou le droit des personnes à qui le confier.

Cette dernière cause d'agitations et de conflits, si féconde en malheurs dans l'histoire de tous les peuples de la terre, est pour nous, aujourd'hui cependant, le moindre des périls. Tout le monde le comprend sans qu'il soit nécessaire d'aucune explication à ce sujet.

La situation est infiniment plus grave sous l'autre aspect. Où le malaise est grand, les lumières sont faibles, les idées les plus extraordinaires, les plus contraires, même, à l'intérêt réel de ceux qui les accueillent, peuvent facilement se propager ; Et la croyance fausse que le nombre est dispensé de donnerdes raisons, peut exciter les déchirements les plus douloureux, les guerres intérieures les plus effroyables et les plus impies. Ce mal est présent, il est partout, il est pressant ; y succomberons-nous ? nous le dirons de nouveau, cela ne nous paraît pas dans la possibilité des choses.

Pour justifier cette persuasion, qui serait, seule, une

grande force en proportion qu'elle serait partagée par plus d'esprits éclairés et de cœurs droits, nous demandons de faire ici un petit article de chronique rétrospective. Il est question en effet de voir ce que l'ordre constitué en ce moment, chez nous, a de forces vives comparativement à ses devanciers.

Pourquoi les gouvernements antérieurs sont-ils si facilement tombés ?

Nous commencerons par le commencement. La révolution de 1789 était légitime. Toutes les institutions se trouvaient de bien loin en arrière des idées de l'immense majorité en possession des lumières de ce temps. Le pouvoir étroitement enveloppé dans ses traditions, n'avait point voulu suivre les progrès dont il était témoin et le complice maladroit à quelques égards. Toutes les vertus lui étaient inutiles sans celle d'une certaine condescendance qui semblait honteuse à ses amis aveuglés, et que le parti tout puissant alors par l'opinion, eut aussi le tort d'exiger trop au-delà des besoins de l'époque. La crainte d'une réaction favorisée du dehors; une haine ardente contre tout ce qui avait possédé les supériorités, lors déchues; une véritable rage, spontanée chez quelques-uns, contagieuse pour des milliers d'autres et qui s'animait par le sang même qu'elle faisait couler à torrents, sont la seule explication de 1793. Le peuple le plus doux de la terre parut ainsi, aux yeux des nations épouvantées, avoir rouvert sur une échelle incomparablement plus vaste, ces arènes où les tigres déchiraient des foules d'innocentes victimes, aux applaudissements de multitudes, auxquelles l'habitude du meurtre faisait de ces horreurs, un spectacle dont il ne pouvait se lasser. De pareilles scènes ne souillèrent point, dans d'autres états modernes, les révolutions où l'aristocratie se trouva compromise; mais c'est que, là, le régime politique antécédent lui avait fait une part dans les affaires et dans les intérêts généraux du pays, et qu'elle n'avait pas usé de son influence dans la seule vue de son indépendance propre et de sa grandeur. Le sort (malheureusement pour nous autant que pour elle) avait refusé, depuis bien des années, cet avantage à la nôtre.

L'ordre ancien, chez nous, n'offrit ainsi aucun point de résistance ou d'arrêt. La noblesse de l'esprit et des sentiments n'avait pas eu le temps de prendre suffisante possession du sol. Aucune barrière morale ne put donc faire obstacle à un mouvement qui ramenait le fond à la surface, n'ayant d'autre cause d'énergie que la haine furieuse d'une partie de la nation contre l'autre.

Passons sans nous arrêter sur les échafaudages où siégea le Directoire (1). Ce fut une scène où personne n'eut d'illusion, excepté les acteurs et les metteurs en œuvre. Le 19 fructidor, la loi des otages, le souverain pontife mourant en captivité, ne lui donnèrent aucune espéce de chance de durée. Ceux qui ne souffrirent pas personnellement de cette tyrannie de bas aloi, furent distraits par les choses d'Italie et par les immortels faits d'armes accomplis sur la torre d'Egypte, à l'histoire de laquelle ils vinrent ajouter de si grandes merveilles.

La fortune avait ainsi préparé le terrain à l'homme prodigieux qui s'y retrouva, à point nommé, pour y poursuivre le cours de si hautes destinées. Mais tout ce

(1) Que de temps il a fallu pour reconnaître qu'il ne peut se rien fonder de sérieux et de solide dans un état que sur l'opinion et les mœurs; et que les théories pures, quelque magnifiques que soient leur langage et leurs tableaux, s'effacent aussitôt devant l'idée pratique et la puissance du sentiment.

qu'il y édifia, même ce qui en est resté debout pour durer toujours, eut un effet moral infiniment restreint chez ce peuple qu'il avait trouvé et qu'il laissa sans opinion politique et gouvernementale quelconque. Ce qui s'était fait, à cet égard, était l'idée d'un homme ou de quelques hommes. Tout autre système aurait été accepté sans marchander et avec la même soumission.

Il serait superflu d'énumérer les causes qui firent la faiblesse du pouvoir sous la Restauration. Elle donnait au pays l'avant-goût du régime constitutionnel qu'elle avait vu fonctionner ailleurs sous ses yeux. Mais elle nous rapportait en même temps, mille préjugés que le délire sanglant de notre révolution première et plus d'une fantaisie de l'Empire, il faut le dire, avaient, en quelque sorte, autorisés à renaître de leurs cendres. Les conseillers naturels du peuple se discréditèrent mutuellement par un antagonisme insensé et brutal. Les derniers temps du Directoire semblaient prêts à revenir. Si l'impiété cynique ne se montrait pas, le vice contraire était sensiblement en crédit. Mais tout le monde n'est pas propre à faire un 18 brumaire. Les ordonnances de juillet furent téméraires : cependant, pour être juste avec tout le monde, il est impossible de ne pas convenir que les provocations étaient parvenues au dernier degré de violence. Les raisons données de ce coup d'état se sont trouvées, cent fois depuis, applicables à ce qu'on faisait contre un gouvernement et contre des personnes qui méritaient encore bien moins de telles agressions.

L'établissement de 1830, chercha à faire vivre ensemble l'ordre et les idées libérales, mieux que cela n'avait pu être sous le vertueux Nerva (1). Et cependant il fut moins

(1) *Res olim dissociabiles miscuit, principatum et libertatem.*
(TACITE.)

heureux, à quelques égards que la Restauration elle-même. A peine installé, il se vit criblé par l'artillerie pointée de deux camps opposés où l'on ne s'entendit que pour cette seule besogne. Le chef de l'Etat, quoique si parfaitement bien intentionné, et qu'à l'étranger on respecta toujours s'il n'y fut pas partout aimé, porta attachés à ses flancs pendant dix-huit longues années, les traits empoisonnés dirigés avec le même art de la main de belligérants profondément antipathiques les uns aux autres.

Ils mettaient ainsi à profit, chacun dans ses vues propres, la trêve que leur imposait la nécessité des circonstances. On sait que l'une des couleurs comptait assez peu par le nombre ; mais ceux qui ont eu le loisir de suivre le plan de campagne, plan poursuivi avec une si rare persévérance, sont obligés de lui accorder une part considérable dans le mérite du succès que février 1848 vint couronner à des conditions, il est vrai, qu'on était loin d'avoir prévues de part ni d'autre.

Est-ce là une condamnation, une censure ? nullement. Il est des matières sur lesquelles on ne procède pas à un examen de conscience sur les mêmes règles que celles qui nous amènent aux pieds d'un confessionnal. Toute l'histoire de la politique humaine l'atteste, et la chose existera aussi longtemps qu'il y aura des sectes et des partis. L'orthodoxie elle-même a, par fois, souffert qu'on la défendît par des moyens, avec un langage que la charité et la décence n'autorisent pas en termes bien clairs.

Ce que nous cherchons uniquement à constater ici, c'est l'état réel des forces du pouvoir en cette année de grâce 1851 : par quelque cause que ces forces lui aient été données, et abstraction absolue faite du mérite ou des erreurs du passé.

La réalisation de l'événement que l'on redoute le plus, à cette heure, est-elle dans le cercle des choses possibles ?

Nous venons de remarquer qu'à toutes les époques précédentes, les dissentiments sur telle ou telle forme de gouvernement, sur la nature et l'étendue du pouvoir régulateur, sont des causes de profondes agitations. Mais quand le destin a prononcé soit dans un sens, soit dans un autre, la vie sociale, interrompue à certains égards, reprend son cours accoutumé. On vend, on achète, on donne, on bâtit, on va au spectacle où il y en a, on fait des livres qui se lisent plus ou moins, etc. N'est-ce pas ce qu'on a vu sous le Directoire même, sous l'Empire, sous la Restauration, pendant la durée du régne de Louis-Philippe ?

Or, qu'y aurait-il de tout cela après le triomphe des doctrines dont il est question ?

Quelles sont-elles ? qu'annoncent elles ? le voici en abrégé.

L'abolition absolue de l'idée du droit ; le concept de l'égalité physique, intellectuelle, morale, dans l'humanité, érigé en dogme ; la légitimité de toute contrainte quelle quelle soit, tendant à imposer l'apparence de ce nivellement dans l'impossibilité évidente d'en consommer l'exécution(1). Ce qui rendrait cette apparence légalement obligatoire, ce seraient quelques lignes tracées dans un ca-

(1) Pour qu'une pyramide puisse se tenir sur sa pointe, il faut, nécessairement, qu'elle soit étayée de tous les côtés. Le socialisme serait une pyramide ainsi posée : et les étais que lui auraient donnés ses architectes de la secte, sur le modèle de ceux de la Convention, dureraient encore moins, supposé que l'on pût les dresser de nouveau à la face de la génération actuelle.

dre de convention (1), œuvre de législateurs considérablement inégaux entre eux en talents, en science, en moralité, en force de caractère, mais souverainement intéressés, tous, dans la question, tant le titre de réformateur et de chef de secte a de séduction et d'entraînement.

Que leur répond-on ?

Hélas ! des choses qui sont niées pour la première fois depuis que l'homme a connaissance de soi-même. On leur répond que, par une cause diversement expliquée suivant les croyances, mais restée mystérieuse et impénétrable pour tous, *nous naissons* personnels, envieux, jaloux : ici passionnés pour l'action, là d'une indolence et d'une pusillanimité incurables : amoureux de la liberté qui coûte le moins d'efforts, tourmentés partout du désir du changement : incapables de former une société durable, sans des lois qui protègent celui qui a acquis par son industrie, par son économie, contre ceux à qui la nature a refusé du talent, de la patience ou de la persévérance. On leur répond que *nous naissons* susceptibles, incontestablement, d'affection et de préférences, même d'abnégation poussée jusqu'à l'héroïsme, mais sous cette autre loi éternelle qui veut que nulle vertu n'existe sans spontanéité, sans liberté de choix, sans mérite par conséquent du sacrifice ou de l'immolation. C'est là ce que nul prophète n'avait eu jusqu'ici l'idée de prétendre venir changer. Le Sauveur du monde ne l'a pas dit, lui-même. C'eût été une seconde et nouvelle

(1) « Les jacobins avaient si fort dépravé le génie de la révolution que Napoléon put fonder sa dictature non seulement sur la gloire, mais sur le mépris systématique des théories et des idées, et faire de sa volonté une sorte de destin qui remplaça à la fois la Providence et la liberté. »

M. Lerminier, *Revue des deux mondes,* 1840, p. 230.

création qui n'entrait pas dans sa mission divine (1). Tous ses préceptes vont uniquement à combattre les mauvais instincts de notre espèce, à exciter au fond de nos cœurs, l'amour pour nos semblables; sentiment que la nature y a mis, sans nul doute, mais malheureusement en bien moindre dose que la personnalité.

Les novateurs dont nous parlons savent cela tout aussi bien que nous-mêmes; ils savent à combien de millions d'êtres pensants ils doivent désespérer de faire accepter l'affirmation contraire. Aussi à la place de la persuasion mettent-ils la menace, en affectant de compter pour auxiliaire ce qui est le plus étranger à notre race française, la peur (2).

Le vaisseau qui porte la civilisation a été battu de bien des tempêtes depuis que la raison en a achevé l'admirable construction. Si elle fut trop souvent condamnée au silence par le bruit des orages, le navire s'est retrouvé à flot du moment qu'elle a pu faire parvenir sa voix aux oreilles des passagers comme de ceux qui tenaient le gouvernail.

La raison seule fait des choses qui restent. Cela est vrai pour les instituteurs populaires comme pour les hommes qui se posent en tuteurs nés de leurs compatriotes ou du genre humain. Dans la poursuite de quelques-unes de ses vues, le récent dominateur de l'Europe ne voulut avoir

---

(1) L'arrêt prononcé sur nos premiers parents, l'a été, comme on le sait, et à jamais, sur toute leur postérité.

(2) La terreur, rendit, pendant deux tristes années, possibles les choses que l'on sait; mais elle s'explique par les circonstances que nous avons rappelées plus haut. Nous sommes en ce moment dans une situation bien différente et qu'attestent les excès même du langage dont nous souffrons l'expression en l'exécrant.

de règle que la force. Quand il disparut (1) par l'abus qu'il en avait fait, à tant d'égards, on se dit universellement : Voici le règne du *droit* qui va reprendre son empire. Ce droit se rassit, en effet, aux applaudissements de tous, de ceux même qui jurent aujourd'hui sur des poignards et sur d'odieux emblèmes, de s'unir pour en faire perdre jusqu'au souvenir. Si l'on veut objecter qu'il y eût encore après des violations plus ou moins flagrantes de ce principe, de la part de ceux qui avaient pourtant le plus souffert de son oubli, personne ne contestera le fait : mais pour qu'on vît le droit respecté de tous et toujours, il faudrait que les hommes fussent plus que des anges. Si *sa réalisation universelle* est une chimère, l'idée de son universelle abolition en est une aussi condamnable que l'espérance de l'autre est digne de respect.

Pour en finir sur la thèse présente, disons que sans doute mille choses sont encore désirables et possibles, mais honorons-nous assez nous-mêmes pour croire que ce n'est pas celles qu'on veut tenter et par les moyens dont on ne fait aujourd'hui nul secret.

Que ceux qui, envisageant la nécessité de quelque effort, donnent accès dans leur esprit à l'idée de se réfugier dans le pouvoir absolu, réflechissent. Sans doute que sous le sceptre du despotisme, l'existence individuelle est plus calme, sinon toujours plus assurée ; le repos public moins souvent compromis, mais à quel prix ? l'histoire le montre dans d'assez éloquentes et fatidiques pages. Avec quelqu'expérience des choses du monde et du cœur humain, on ne peut s'empêcher d'approuver le Magnat qui disait : *Malo libertatem periculosam quam tranquillam*

(1) *Violenta nemo imperia continuit diù.*
Moderata durant.

(Senèque, Troade)

servitium : la nation à laquelle il appartenait serait grande et heureuse aujourd'hui, probablement, si elle n'eût partagé ce sentiment que dans les limites du possible.

Mais en même temps que notre société actuelle résiste à des systèmes les plus anti-sociaux qui se soient jamais produits, elle comprend ses devoirs envers ceux qui souffrent *par le résultat inévitable de la nature des choses.* A l'honneur de notre temps, jamais les cœurs n'y furent plus disposés ni les obstacles matériels moindres. C'est une coincidence bien douloureuse que des exigences comme celles que nous combattons se dénoncent, à l'époque même où la fraternité, fastueusement inscrite sur nos murailles, règne plus qu'elle n'a fait jamais dans l'âme de ceux qui n'ont point concouru à ce *memento* (1).

Ce à quoi il faut malheureusement s'attendre, c'est que, par le résultat d'excitations anarchiques, la sollicitude du pouvoir et le concours des volontés bienveillantes multiplieront longtemps les actes de prévoyance et de désintéressement, sans que les plaintes s'adoucissent, sans que les menaces se taisent. On criera toujours de certains côtés *vous n'allez pas assez vîte ;* comme si disperser les rails et faire sauter la locomotive était un moyen d'arriver plus tôt.

Reconnaissons, au reste, qu'une agitation telle que celle-là, ne s'apaise pas en vingt quatre heures. Sans doute, le crédit souffrira, les charges publiques ne pourront être assez considérablement allégées, les transactions

(1) Qui pourrait nier qu'il en rappelle un grand nombre dont le caractère et la portée furent infiniment peu fraternels ?

civiles éprouveront de la langueur. Mais il en sera comme
de tant d'autres idées excentriques écloses on ne savait
où, produites on ne savait quand, et qui, avec l'aide de
la raison publique et du temps, reculèrent devant le
bon sens des masses elles-mêmes.

N'est-il arrivé jamais qu'à l'homme allant abattre un
arbre par le pied pour en saisir à l'instant tous les fruits
mûrs ou non, on soit parvenu à faire tomber la hache
des mains par la seule réflexion qu'il allait se priver, lui-
même et les autres, des récoltes futures et pour un temps
indéfini ?

Il n'est nullement croyable que cette observation ne
puisse faire impression, même sur les plus aveuglés.

D.